"The novel chronicles an inspiring journey of a young Cambodian girl who, despite being a non-English speaker, overcomes immense challenges to pursue her dream of becoming a surgeon in the U.S. A testament to the limitless potential within us all, her immigrant success story reminds the readers of the power of determination, perseverance, resilience, and self-belief."
—**Sovicheth Boun, PhD, Associate Professor of TESOL at Salem State University**

"Wow! What an incredible book. I like that it is written about a young woman transitioning into a new country and a new home! I hope that all children around the world are inspired to become whoever they want to be and choose a career [...], and work hard and study hard like Dr. Kim and achieve their goals in life."
—**Narate Keys, Poet & Playwright, Author of The Good Life, The Changes... Immigration Footprints of Our Journey and Planting SEADs**

"In this poignant narrative, the author, a Cambodian immigrant, provides a deeply personal perspective on the untold story of a community often overlooked. As readers navigate the author's life journey, the story becomes a beacon of inspiration, guiding them through the complexities of cultural displacement, language barriers, and the pursuit of education."
—**Saengmany Ratsabout, Executive Director, East Side Freedom Library**

"What a beautiful gift the author bestows on us by sharing her heartfelt story. The author begins her story in Cambodia, sharing the rich tapestry and challenges of her family life and cultural traditions. It then follows her immigration journey to the United States that sparked profound gratitude for her parents' sacrifices in paving the way for a new future. This is a remarkable story of resilience, gratitude, and determination."
—**Kha A. Yang, Chief Diversity Officer and Associate VP for Inclusive Excellence, University of St. Thomas**

"Kim's story highlights the power we have to use science to inspire learning and improve lives. Sharing stories like this celebrates the diversity of perspectives we need to re-imagine the scientific enterprise."
— **Robby Callahan Schreiber, Museum Access & Equity Director, Science Museum of Minnesota**

"This book serves as a source of inspiration, particularly for individuals who do not speak English as their first language. By witnessing the author's resilience and unwavering determination, readers are inspired to overcome their own obstacles and pursue their dreams."
— **Kim Sin, Khmer Community Leader and System Administrator at University of Minnesota Rochester**

By buying this book you are directly supporting the mission of Green Card Voices.

Hardcover ISBN 13: 978-1-7327906-7-4
Ebook ISBN 13: 978-1-949523-30-0
LCCN: 2024901358

Printed in the United States of America
First Printing: 2024
20   19   18   17   16   5   4   3   2   1

Author: Kim Uy
Illustration by sunshine gao
Design by Anna Stocks-Hess
Translation by JR Language Translation Services, INC

Green Card Voices
2611 1st Avenue South
Minneapolis, MN 55408
www.greencardvoices.org

Consortium Book Sales & Distribution
34 Thirteenth Avenue NE, Suite 101
Minneapolis, MN 55413-1007
www.cbsd.com

OUR STORIES CARRIED US HERE: CHASING DREAMS, BECOMING A DOCTOR

Kim Uy

AUTHOR

sunshine gao

ILLUSTRATOR

KIM UY

From: Phnom Penh, Cambodia
Current: Minneapolis, Minnesota

Kim Uy lived a very busy life as a child in Cambodia, attending a Khmer school in the mornings and Chinese school in the afternoons. Kim's aunt, a U.S. citizen, sponsored her father and his family to come to the United States beginning in 1991. They finally arrived 15 years later in 2006, when Kim was 15 years old. English proved to be a challenge in Kim's life in the United States, so opportunities like her English as a Second Language (ESL) biology class were especially exciting for her. She joined the Army Reserve after high school and graduated from University of St. Thomas, majoring in Neuroscience. In 2020, Kim graduated with dual Doctor of Medicine and Master of Public Health degrees from the University of Minnesota. She is currently completing her residency training in general surgery and hopes to serve underserved inner city patients in her future career as a surgeon.

https://www.greencardvoices.org/speakers/kim-uy/

SUNSHINE GAO

Born: China
Current: Minneapolis, Minnesota

sunshine gao was born in China and raised in Indiana and Kentucky. Once, they studied moral philosophy and ecology; cooked noodles; and sold produce. Now, they draw stories about home—in all its forms, with all its complications. In spite of everything, they believe the world can be made a beautiful place.

www.sunshine-gao.com

I grew up in Phnom Penh, the capital city of Cambodia.

I remember my house and my family and going to school with my friends.

Our house was right next to a sewage canal. It looked like a river and it had a bridge...and it smelled.

...sometimes it even flooded inside our house when it rained!

When I was younger, I mostly stayed inside. Many family members lived nearby, so we would visit each others' houses and chat and eat snacks.

We often watched Chinese shows about police who used forensic science to catch criminals.

My grandparents would take us out to eat noodles for breakfast.

My father is Khmer and my mother is Khmer with Chinese descent.

Our family would skip school to celebrate Chinese New Year, though it was not an official holiday for Cambodian people.

Sometimes we would go to the countryside or beach for vacation.

During Chinese New Year, we would lay out big tables of food in our courtyard for others to come eat.

Later, during Cambodian New Year, other families would lay out food and we would eat with them as well.

I remember splitting time going to one school in the morning and another in the afternoon.

I got up early each morning to walk to Khmer public school.

The teachers were there, but they didn't really teach us.

I would spend a lot of time just sitting in a classroom talking to my friends.

Then I would go home to shower and eat lunch.
It is hot in Cambodia, so I had to shower often to get clean.

In the afternoon, I went to a private Chinese school. It was very strict compared to Khmer school.

The teacher taught many subjects in the Chinese language.

ax^2+bx+c

...and they didn't really like us chatting or talking too loudly!

When I was older, I would hang out with friends after school. We would go to the market and buy food, or walk around the Royal Palace.

Cambodia is a country that focuses on agriculture, so we do a lot of farming there. My parents owned a rice wholesale business.

They would go to the countryside and buy rice from farmers, then sell it in the city. I stayed home while they did that.

My mother could not really read or write, except for numbers, so when I was older, I would help her with accounting and writing notes down.

My parents decided to come to the U.S., more for us kids than for them.

In Cambodia, they sold rice to put food on the table. But they left that behind so we would have the opportunity to choose what we wanted to do.

Now, I realize how much my parents gave up.

A couple years before we came to the U.S., my parents bought a house away from the sewer. They were really excited to be able to afford it.

They had to sell our new house when we moved to the U.S.

They had to give up being business owners in Cambodia.

They gave up their family and friends.

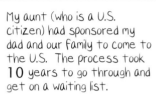

My aunt (who is a U.S. citizen) had sponsored my dad and our family to come to the U.S. The process took 10 years to go through and get on a waiting list.

Then one day, my parents told me and my siblings that we are going to the United States. That was a surprise!

In 2005, I had to go to Thailand for the visa interview. There was a lot of paperwork before we could go to the United States.

I remember feeling sad because my youngest brother was not coming with us.

He was born after my parents filed the original paperwork...

...so his process was delayed. It took another five years before he could join us.

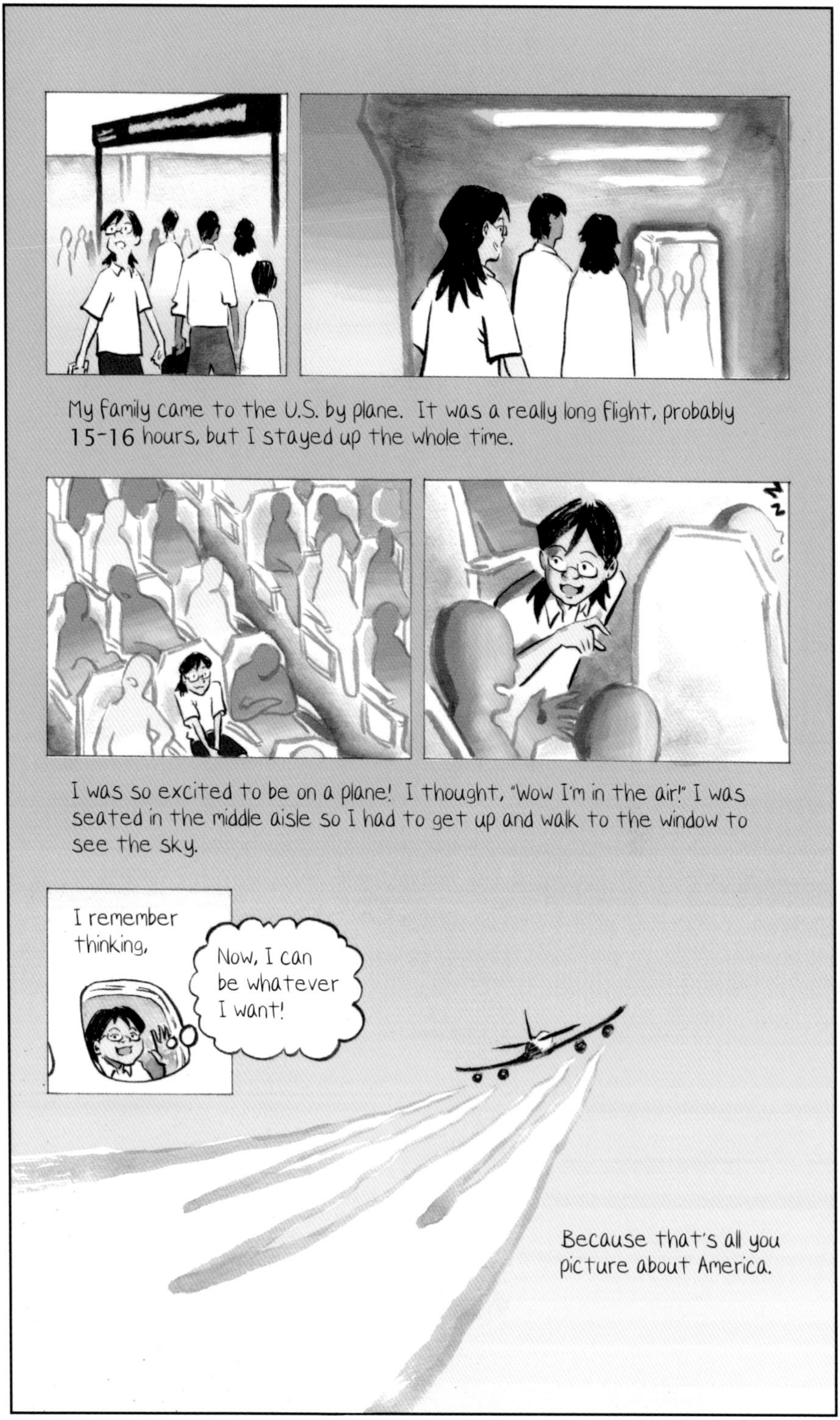
My family came to the U.S. by plane. It was a really long flight, probably 15-16 hours, but I stayed up the whole time.
I was so excited to be on a plane! I thought, "Wow I'm in the air!" I was seated in the middle aisle so I had to get up and walk to the window to see the sky.
I remember thinking,
Now, I can be whatever I want!
Because that's all you picture about America.

We arrived in June when it was warm for the U.S. But for us it was like, "Brrr, it is cold here!"

I remember putting on our winter jackets.

Looking back, it was very funny.

I imagined America would have lots of tall buildings, and people walking around on the street speaking English everywhere.

But then we got to my aunt's home, in Shakopee, and there were no tall buildings or anything like that. There was a lot of farm land...

I remember thinking, "Ohhh! They farm in America. That's weird!"

I never realized that, in America, they also farm.

I remember my uncle took us to the Mall of America.

That was my first time seeing a roller coaster inside a shopping mall.

The most challenging part of being in the U.S. was learning English.

It was really difficult for me to learn Chinese in Cambodia, even though I started at 6 or 7.

And now, at 15, I had to learn English.

A...
B...

I always felt very uncomfortable and embarrassed having to speak English in front of my parents and everyone. Speaking English in public was scary!

When we went to a grocery store, my parents would ask me for help finding something or talking to a sales associate, because my English was better than theirs.

Then I realized my parents were having a harder time learning English than me.

In Cambodia, they used to be business owners.

But now, they had to be blue-collar workers.

My parents were working in an assembly line of a food packaging company.

I remember seeing them go to ESL classes every morning despite working overnight shifts.

They would come home...

...eat breakfast and shower...

...then go to ESL class at 9 am.

I realized, if they could do that, I should be able to learn English.

My U.S. high school classes were similar to my Chinese-Cambodian private school classes. They were strict. No talking was allowed in class.

The materials that were being taught in the U.S. were less advanced compared to my Chinese school though.

I had already learned some of them.

I think public education in the U.S. is behind the education provided in private Chinese-Cambodian schools.

I became interested in science in high school.

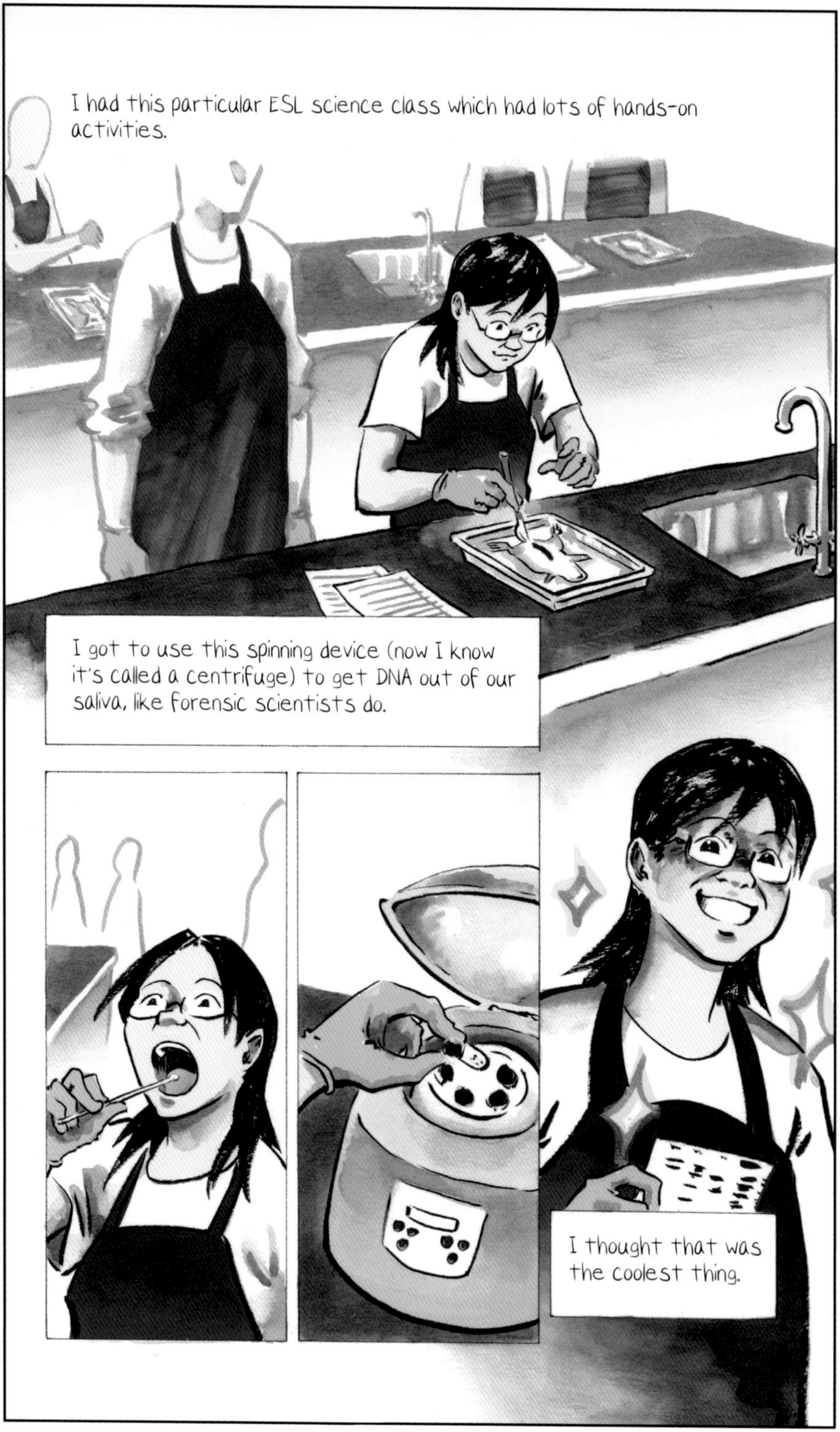
I had this particular ESL science class which had lots of hands-on activities.
I got to use this spinning device (now I know it's called a centrifuge) to get DNA out of our saliva, like forensic scientists do.
I thought that was the coolest thing.

While in high school, I decided to join the Army Reserve.

My first reason for joining the Army was because I wanted to go into law enforcement to pursue forensic science.

⭐ Athlete

⭐ Lab experience

⭐ Military veteran

I thought military service would look good on my resume.

My second reason was the Army's tuition assistance.

I knew my parents couldn't support my college tuition, so I had to pay my own way.

ESTIMATED COSTS: $42,000/YR

U.S. ARMY

I served in the Army Reserve for 6 years total, 2 years in high school and 4 years in college.

I would go to school on the weekdays, then do training and drills on the weekends.

That experience helped me realize that although I'm just this small Asian girl, I can do anything that any other American can do.

I can carry all the equipment and do long marches with 30-40 lbs on my shoulder.

I can achieve what I put my mind to.

That is self-sufficiency and determination.

After high school, I decided to go to the University of St. Thomas.

My family thought it was too early, because I was still learning English and might fail...

...but my high school ESL teacher helped me decide.

I remember taking one class in college about how chemical compounds in our brains drive behaviors and emotions.

I worked at a university lab studying how the environment can affect brain structures.

I learned how our social environment can shape our health and even who we are.

I had joined the Army Reserve hoping to pursue a career in forensics.

But I realized that many people turn to crime because their situation led them to that path, not because they're born bad.

I wanted to use science to help people, not just to put them in jail – to make things better for people, not worse.

That's what drew me to medicine and public health.

FIRST DO NO HARM

I decided to apply to medical school during my junior year of college, but realized I wasn't competitive enough.

I was really struggling academically. I couldn't read the textbooks.

I simply could not understand what was said or written.

Family members would ask me,

Why are you studying so hard when you could just get a job?

But my teachers supported and guided me. They told me,

Others have come before you–

If they could do it, so can you!

I decided to take a year off and study for the MCAT.

In that year off, I studied for the test.

When I finally had a decent score, I put together my application for medical school.

I was accepted to the University of Minnesota Medical School.

Currently, I am a third-year surgical resident. My residency program is a five year program, so I am a little more than halfway through.

I spend a lot of my time caring for patients in the surgical ICU. Many survive their illnesses, and it warms my heart.

But some of them die despite our best efforts. It's too late when they show up.

Sometimes, they've lost their jobs or can't afford medication.

You try to help, but you're only helping them at one point in time.

Now I have to think about how to help people in a broader sense.

I'm interested in being a surgeon in low-resource settings, so I did a surgery rotation back in Cambodia.

Cambodia is a country without many health care workers. It requires international medical aid.

I'd like to help Cambodians care for themselves, rather than depending on foreign healthcare workers.

In Cambodia, I see the possibilities of what I can do as a surgeon. I keep that in the back of my mind.

I've also been married to my husband for five years.

He is my best friend and closest advisor!

Some of my mentors and family members would say, "Medicine is not for you," "Don't go to a four-year university," etc.
When I first heard these words, they crushed me.

But looking back, I don't think they were trying to crush my dream. I think they were trying to warn me.

You don't have to work so hard!

You could have had an easier life!

You'll be hurt if you fail.

We don't want you to be disappointed.

In a way, it helped. I was never mad at them. I just wanted to show them what I can do.

I think, if you believe in something, others will believe it too.

DISCUSSION QUESTIONS

UNDERSTAND THE STORY...

Thinking Within

1. Where was Kim born? What is her heritage?
2. Kim lived with her family near a smelly river. What were some of the reasons she and her family lived here?
3. Kim's parents were business owners before they moved to the U.S. Explain how this changed after they settled in their new country. What was their work-life like in the U.S. vs Cambodia?

Thinking Beyond

1. Kim's parents owned a business in Cambodia. How did Kim help them with their business? Why did Kim's parents need her help?
2. Compare and contrast the types of schools Kim went to: the Khmer school, the private Chinese school and the U.S. school. Which schools were better for learning science? Which schools were more strict? Why do you think the schools were as such?
3. Describe the sequence of events that led to Kim joining the Army. What were the reasons for this decision? How did Kim benefit from her decision?
4. What does Kim mean by self-sufficiency and determination? How can her experience inspire others?

Thinking About

1. Think about a time when you had to give up something that was important to you. How did it feel? Was it worth it?
2. How is Kim an inspiration to others? Describe how her life choices and determination can impact other young people.

...STITCH TO YOURS.

1. Describe a person you know who speaks more than one language. Do you think it would be easy to learn a language?
2. Describe a time when you had a dream or a goal. What steps did you or would you need to take in order to reach it?
3. Share about a time when someone you know sacrificed or gave up something for another person. How do you think it felt for both of them?

IMPORTANT CONCEPTS

Determination

Determination is the commitment to achieve your goals, regardless of the challenges you might experience. It includes being decisive and demonstrating a strong desire to meet the goal. People who express determination work to achieve their goals, regardless of other factors.

Example: Kim showed a lot of determination when it was challenging to learn how to speak English at 15 years old (see page 14 and next one 20).

Perseverance

Perseverance is the ability to keep doing something in spite of obstacles. People who persevere show steadfastness in doing something despite how hard it is or how long it takes to reach the goal.

Example: Kim persevered in her education. Even though she was told to "just get a job," she never gave up and decided to pursue her career in medicine (see page 22).

Sacrifice

To sacrifice means to give up something that is valuable to you in order to help another person.

Example: Kim's parents sacrificed a lot by selling their business and a new house in Cambodia. They did this for their new life in the U.S. and for their children's future (see page 9).

Self-Sufficient

To be self-sufficient is to meet one's own needs without external assistance.

Example: Kim showed that she was self-sufficient when she enlisted in the Army to boost her resume and help pay her college tuition (see page 18).

WORDS TO KNOW

agriculture: Another word for farming. It includes both growing and harvesting crops and raising animals or livestock.

centrifuge: A device that separates liquids from solids or dispersions of one liquid into another, by the action of centrifugal force. Centrifuges include various circular, rotating devices for experimental purposes.

centrifugal force: The force that tends to cause an object or substance or parts of an object or substance to move outward from a center of rotation.

forensic science: A kind of science that blends biology, chemistry and physics to look at evidence, solve crimes and settle legal issues. Forensic scientists use evidence like fingerprints, blood, hair, bullets and DNA to provide the truth about what happened in a situation.

MCAT (Medical College Admission Test): Computer-based standardized exam for prospective medical students designed to assess problem solving, critical thinking, written analysis and knowledge of scientific concepts and principles.

ADDITIONAL RESOURCES

"Cambodia Facts for Kids," Kiddle Kpedia, January 4, 2024, https://kids.kiddle.co/Cambodia.

"'Medicine: Definition and History" Encyclopedia Britannica, Inc. January 4, 2024, https://kids.britannica.com/kids/article/medicine/353448

THANK YOU

We are grateful to our amazing Green Card Voices staff, board, and funders, and the many supporters of GCV nationwide. Our gratitude goes out to Kathy Seipp, who wrote the curriculum section of the book, and to translators JR Language Translation Services, INC, Hao Taing and the team at Lexikeet, and copyeditor Nicole Montana. Thank you to the funders: Metropolitan Regional Arts Council (MRAC) and the Minnesota Humanities Center. Finally, Kim would like to thank her ESL high school teacher Tania Drexler for nurturing and instilling the confidence in her career aspirations.

ABOUT GREEN CARD VOICES

Founded in 2013, Green Card Voices (GCV) is a nonprofit organization that utilizes storytelling to share personal narratives of America's immigrants, establishing a better understanding between immigrants and their communities. Our dynamic video-based platform, book collections, traveling exhibits, podcast, and Story Stitch circles empower individuals of various backgrounds to acquire authentic first-person perspectives about immigrants' lives, increasing appreciation of the immigrant experience in the United States.

Green Card Voices was born from the idea that the broad narratives of current immigrants should be communicated in a way that is true to each individual's story. We seek to be a new lens for participants in the immigration dialogue and to build a bridge between immigrants and nonimmigrants—newcomers and the receiving community—across the country. We do this by sharing the firsthand immigration stories of foreign-born Americans and helping others to see the "wave of immigrants" as individuals with interesting stories of family, hard work, and cultural diversity.

To date, the GCV team has recorded the life stories of more than five hundred immigrants coming from over one hundred and forty countries. All immigrants who decide to share their story with us are asked six open-ended questions and invited to share personal photos of life in their country of birth and in the United States. Their narratives are then edited to produce five-minute videos filled with unique stories, personal photographs, and music. These videos are available on www.GreenCardVoices.org and YouTube (free of charge and advertising).

Contact information:
Green Card Voices
2611 1st Ave S.
Minneapolis, MN 55408

612.889.7635
info@GreenCardVoices.org
www.GreenCardVoices.org

រឿងប្រលោមលោកនេះ រៀបរាប់ពីដំណើរដ៏គួរឱ្យស្ញប់ស្ញែងរបស់យុវតីខ្មែរម្នាក់ ដែលថ្មីៗគ្រិតតែមិនអាចនិយាយភាសាអង់គ្លេសបានល្អក៏ដោយ ប៉ុន្តែបានជម្នះនូវឧបសគ្គដ៏ចំនេងដើម្បីបន្តក្តី ស្រមៃរបស់នាងក្នុងការរត្លាយទៅជាគ្រូពេទ្យផ្នែកះាត់មួយរបៀនៅសហរដ្ឋ អាមេរិកៗ ជាសក្តីភាពនៃសក្តាំង ពលដែលគ្មានវ័យដ៏កំណត់របស់មនុស្សយើងគ្រប់រូប, ដំណើររឿងពិតភាពជាតួយនៃផងអន្តោប្រវេសន៍របស់ នាងៗ គឺជាការក្រើនរំលើកដល់អ្នកអានទាំងអស់គ្នា អំពីអំណាចនៃការតាំងចិត្ត ការតស៊ូ ភាពធន់ និងភាពជឿជាក់ លើខ្លួនឯង
— Sovicheth Boun បណ្ឌិត សាស្ត្រាចារ្យរងនៃ TESOL នៅសាកលវិទ្យាល័យ Salem State

"វ៉ា! ពិតជាសៀវភៅដែលអស្ចារ្យណាស់" ខ្ញុំចូលចិត្តក្រេងថាសៀវភៅនេះសរសេរអំពីស្ត្រីវ័យក្មេងម្នាក់ដែល ផ្លាស់ទៅរស់នៅប្រទេសថ្មី និងផ្ទះថ្មី។ សៀវភៅនេះបង្ហាញពីភាពជាតួយរបស់នាង និងការតាំងចិត្តរបស់នាង ដើម្បីត្លាយជារបួបណ្ណិត [...] បន្ទាប់ពីបានអានរឿងដ៏អស្ចារ្យនេះ ខ្ញុំមានអារម្មណ៍ជាមនុស្សកម្លាំងចិត្តក្នុងការបង្កើត ស្ថាដែលសិល្បៈដើម្បីជួយដោះស្រាយបញ្ហាៈទុក្ខចង្រ្កាៈ ់និងព្រំទាំងវិញ្ញ និងរក្សារបៀរធម និងភាសាខ្មែរៗ ខ្ញុំសង្ឃឹមថាកុមារទាំងអស់នៅជុំវិញភពលោកនៃទួលបានការបំផុសគំនិតដើម្បីត្លាយអ្វីដែលខ្លួនចង់ធ្វើ និង ប្រើសិលៈអាជីព [...] ហើយនិងខិតខំធ្វើការ និងរៀនស្វ្រង្រៈដូចរបណ្ណិត Kim និងសម្រេចគោលៈៅក្នុងជីវិត របស់ពួកគេ"។
— Narate Keys ក៏វ្រ្អកិដិន, អ្នកនិពន្ធសៀរភៅ The Good Life, The Changes... Immigration Footprints of Our Journey និង Planting SEADs

"នៅក្នុងរឿងនិទានដ៏ជួចៃនេះ អ្នកនិពន្ធ ដែលជាជនអន្តោប្រវេសន៍ជនជាតិកម្ពុជា ផ្តល់នូវទស្សនៈផ្សាៈខ្លួន យ៉ាងព្រាលៈជ្រៅអំពីរឿងរ៉ាវដែលមិនដែលមាននននាៈនិយាយអំពីសហគមន៍ដ៏មួយដែលភាគៈ្រើនតែគេមើល រំលៃៗ នៅពេលដែលអ្នកអាន អានៈវដំណើររឿងជីវិតរបស់អ្នកនិពន្ធ រឿងនេះត្លាយជាកន្លៃនៃការបំផុសគំនិត ដែលដកៈ្រូកតឆ្កើៈនៃភាពៈ្តស្ចាញនៃការៈួៈរៈៈ ឧបសគ្គភាៈ និងការតាមៈការៈអៈ៉ៗ រឿងៈៈ ដែលធ្វើឱ្យមានៈការៈផ្សៈបៈ្រៈបៈណ្ណៈៈនៈៈក្លៈៈមៈ៉ៈ និងៈៈមៈៈៈៈ តាមៈៈយៈការៈលៈៈៈៈចិត្តៈអ្នកៈៈឱ្យ ក្រៈៈៈៈភៈៈតៈៈៈៈ រឿងៈៈៈៈៈៈៈ្រៈៈៈៈឱ្យៈៈៈៈៈៈៈ្រៈ់ៈៈៈៈៈៈៈៈៈៈៈ ពិៈ្រៈៈៈៈៈៈៈៈៈៈៈៈៈៈៈៈៈៈៈៈៈៈៈៈៈៈ"។
— Saengmany Ratsabout នាយកៈៈៈៈៈៈនៃៈៈៈៈៈ East Side Freedom Library

"អ្នកនិពន្ធបានៈៈៈៈៈៈៈៈៈៈៈចិត្ត ដែលៈៈៈៈៈៈៈៈៈៈៈៈៈៈៈៗ អ្នកនិពន្ធៈៈៈៈៈៈៈៈៈ របស់ៈៈៈៈៈៈៈៈៈៈៈៈ ដោយៈៈៈៈៈៈៈៈៈៈៈៈៈៈៈៈៈៈៈៈ និង ៈៈៈៈៈៈៈៈៈៈៈៈៈៗ បន្ទៈៈៈៈៈៈៈៈៈៈៈៈៈៈៈៈៈៈៈៈៈៈៈ បៈៈៈៈៈៈៈៈៈៈៈៈៈៈៈៈៈៈៈៈៈៈៈៈ ថ្មីៈ ដំៈៈៈៈៈៈៈៈៈៈៈៈៈៈៈៈៈៈៈៈៈៈៈៈៈៈៈៈ មិៈៈៈៈ ធ្វើៈៈៈៈៈៈៈ និងៈៈៈៈៈៈៈៈៈៈៈៈៈៈៈៈៈៈៈៈៈៈៈៈៈៈ។ នៈៈៈៈៈ រឿងៈៈៈៈៈៈៈៈៈៈៈៈៈៈៈៈៈៈ ការៈៈៈៈៈៈ និងៈៈៈៈៈៈ"។
— Kha A. Yang ប្រធានៈៈៈៈៈៈៈៈ និងៈៈៈៈៈៈៈៈៈៈៈៈៈៈៈៈៈៈៈៈៈៈៈ St. Thomas

"រឿងៈៈៈៈ Kim ៈៈៈៈៈៈៈៈៈៈៈៈៈៈៈៈៈៈៈៈៈៈៈៈៈៈៈៈៈៈៈៈៈៈ និងៈៈៈៈៈៈៈៈៈៈៈៈៈៈៗ ការៈៈៈៈៈៈៈៈៈៈៈៈៈៈ គឺៈៈៈៈៈៈៈៈៈៈៈៈៈៈៈៈៈៈ ដែលៈៈៈៈៈៈៈៈៈៈៈៈៈៈៈៈៈៈៈៈៈៈៈៈ"។
— Robby Callahan Schreiber នាយកៈៈៈៈៈៈៈ និងៈៈៈៈៈៈៈៈៈៈ នៃៈៈៈៈៈៈៈៈៈៈៈៈៈៈៈ Minnesota

"សៀវភៅនេះគឺជាប្រភពនៃការបំផុសគំនិត ជាៈៈៈៈៈៈៈៈៈៈៈៈៈៈៈៈៈៈៈៈៈៈៈៈ ទិៈៈៈៈៈៈៈៈៈៈៗ តាមៈៈៈ ដំៈៈៈៈៈៈៈៈៈៈៈៈៈៈៈៈៈៈៈៈៈៈៈៈៈៈៈៈ ប្រៈៈៈៈៈៈ និងៈៈៈៈៈៈៈៈៈៈ អ្នកៈៈៈៈៈៈៈៈៈៈៈៈៈៈៈៈៈៈៈៈៈៈៈៈៈៈ មៈៈៈៈៈៈៈៈៈៈៈៈៈៈៈៈៈ។ តាមៈៈៈៈៈៈៈៈៈៈៈៈៈៈៈៈ និងៈៈៈៈៈៈៈៈ មិៈៈៈៈៈៈៈៈៈ អ្នកៈៈៈៈៈៈៈៈៈៈៈៈៈៈៈៈៈៈៈៈ ៈៈៈៈៈៈៈៈៈៈៈៈៈៈៈៈៈៈៈៈៈៈៈៈៈៈ របៈៈៈៈ សៀៈៈៈៈៈៈៈៈៈៈៈៈៈៈៈៈៈៈ និងៈៈៈៈៈៈៈៈៈៈៈៈៈៈៈៈៈៈ"។
— Kim Sin ជាៈៈៈៈៈៈៈៈៈៈៈៈៈៈ និងៈៈ អ្នកៈៈៈៈៈៈៈៈៈៈៈៈៈៈៈៈៈៈៈៈៈ Minnesota Rochester

តាមរយៈការជារសៀវភៅនេះ អ្នកកំពុងជួយគាំទ្របេសកកម្មរបស់អង្គការ
Green Card Voices ដោយផ្ទាល់ៗ

Hardcover ISBN 13៖ 978-1-7327906-7-4
Ebook ISBN 13៖ 978-1-949523-30-0
LCCN៖ 2024901358

បានបោះពុម្ពនៅសហរដ្ឋអាមេរិក
ការបោះពុម្ពលើកទីមួយ៖ 2024
20   19 18 17 16   5 4 3 2 1

អ្នកនិពន្ធ៖ Kim Uy
រូបភាពពន្យល់ដោយ sunshine gao
រចនាដោយ Anna Stocks-Hess
បកប្រែដោយ JR Language Translation Services, INC

អង្គការ Green Card Voices
2611 1st Avenue South
Minneapolis, MN 55408
www.greencardvoices.org

Consortium Book Sales & Distribution
34 Thirteenth Avenue NE, Suite 101
Minneapolis, MN 55413-1007
www.cbsd.com

រឿងយើងបាននាំយើងមកដល់ទីនេះ តាមរក្តីសុបិន ក្លាយជាវេជ្ជបណ្ឌិត

Kim Uy

អ្នកនិពន្ធ

sunshine gao

អ្នកគូរូបភាព

KIM UY

កើតៈ ទីក្រុងភ្នំពេញ ប្រទេសកម្ពុជា
បច្ចុប្បន្នៈ **Minneapolis, Minnesota**

Kim ធ្លាប់រស់នៅក្នុងជីវិតដ៏មមាញឹកក្នុងវ័យកុមារ នៅក្នុងប្រទេសកម្ពុជា ដោយចូលរៀននៅសាលាខ្មែរ នៅពេលព្រឹក និងសាលាចិននៅពេលរសៀល។ ម្ដាយម្ដងរបស់ Kim គឺជាពលរដ្ឋ អាមេរិក បានចាប់ផ្ដើមធានាឪពុកនាង និងគ្រួសាររបស់នាងមកសហរដ្ឋអាមេរិក នៅឆ្នាំ 1991។ ទីបំផុត ពួកគេបានមកដល់ទីនេះក្រោយពីរយៈពេល 15 ឆ្នាំគឺនៅឆ្នាំ 2006 នៅពេលដែល Kim មានអាយុ 15 ឆ្នាំ។ ភាសាអង់គ្លេសគឺជាបញ្ហាប្រឈម សម្រាប់ជីវិតរបស់ Kim នៅក្នុងសហរដ្ឋអាមេរិក ដូច្នេះហើយឱកាសសម្រាប់នាង ដូចជាថ្នាក់ជីវវិទ្យាភាសាអង់គ្លេសជាភាសាទីពីរ(ESL)គឺគួរឱ្យរំភើបយ៉ាងខ្លាំង សម្រាប់នាង។ នាងបានចូល C មេធ្វើជាយោធាបម្រុងបន្ទាប់ពីរៀនចប់វិទ្យាល័យ និងបញ្ចប់ការសិក្សាពីសាកលវិទ្យាល័យ St. Thomas ផ្នែកវិទ្យាសាស្ត្រប្រព័ន្ធ ប្រសាទ។ នៅឆ្នាំ 2020, Kim បានបញ្ចប់ការសិក្សាដោយទទួលបានសញ្ញាប័ត្រពីរ គឺ សញ្ញាប័ត្រវេជ្ជបណ្ឌិត និងសញ្ញាប័ត្រអនុបណ្ឌិតសុខភាពសាធារណៈពីសាកល វិទ្យាល័យ Minnesota។ បច្ចុប្បន្ននេះ នាងកំពុងទទួលការបណ្ដុះបណ្ដាលក្រោយ បញ្ចប់ការសិក្សាខាងការរ៉ាំគីត្វទៅ និងសង្ឃឹមថាបានបម្រើដល់អ្នកជំងឺនៅក្នុង ក្រុងដែលក្រីក្រ ក្នុងអាជីពជាគ្រូពេទ្យរ៉ាកាត់នៅថ្ងៃអនាគតរបស់នាង។

https://www.greencardvoices.org/speakers/kim-uy/

SUNSHINE GAO

កើតៈ ប្រទេសចិន
បច្ចុប្បន្នៈ **Minneapolis, Minnesota**

sunshine gao កើតនៅប្រទេសចិន និងធំធាត់នៅរដ្ឋ Indiana និង Kentucky។ ពួកគេធ្លាប់រៀនទស្សនវិជ្ជា សីលធម៌ និងអេក្ចូស្វ៉ ចម្លុនម៌ និងលក្ខកសិផល។ ឥឡូវនេះ ពួកគេគូររៀងរ៉ាល់រ៉ាអំពីផ្ទះគ្រប់ទម្រង់ ជាមួយនឹងផលវិបាកទាំងអស់របស់សង្គ។ ទោះជាមានអ្វីកើតឡើងក៏ដោយ ពួកគេជឿ ថាយើងអាចធ្វើឱ្យពិភពលោកក្លាយជាកន្លែងដែលស្រស់ស្អាតបាន។

www.sunshine-gao.com

ខ្ញុំបានធំដឹងក្ដីនៅទីក្រុងភ្នំពេញនៃ
ប្រទេសកម្ពុជា។

ខ្ញុំចងចាំអនុស្សាវរីយ៍ផ្ទះរបស់ខ្ញុំ
គ្រួសាររបស់ខ្ញុំ ហើយនិងមិត្តភក្ដិ
នៅសាលារៀនរបស់ខ្ញុំ។

ផ្ទះរបស់យើងនៅម្តុំទីកន្លែយ។ ប្រឡាយល្អនេះមាន ក្លិនស្អុយ មើលទៅប្រៀបដូចជាស្ទីង ហើយរវាមាន ស្ពានទៅពីលើ

...ពេលភ្លៀងខ្លាំង ប្រឡាយល្អនេះ បានជន់លិចផ្ទះខ្ញុំទៅៗ។

កាលខ្ញុំនៅក្មេង ខ្ញុំភាគច្រើន ចូលចិត្តលេងនៅក្នុងផ្ទះ។ ខ្ញុំ មានបងប្អូនជាច្រើននាក់ដែល រស់នៅក្បែរគ្នា ដូច្នេះខ្ញុំតែងតែ ទៅលេងផ្ទះពួកគាត់ញឹកញាប់ ហើយនិងជជែកគ្នាលេង។

ពួកខ្ញុំតែងតែមើលភាពយន្តវិនិទានរឿង ប៊ូលិស ដែលប្រើប្រាស់វិទ្យាសាស្ត្រទៅចាប់ ឧក្រិដ្ឋជន។

ជីដូនជីតារបស់ខ្ញុំនាំយើងទៅញ៉ាំ គុយទាវសម្រាប់អាហារពេលព្រឹក។

4

ឪពុកខ្ញុំជាជនជាតិខ្មែរ ម្តាយខ្ញុំជាជនជាតិខ្មែរជាប់ខ្សែស្រឡាយចិន។

គ្រួសាររបស់ខ្ញុំតែងតែប្រារព្ធពិធីបុណ្យ
ចូលឆ្នាំចិន ដូច្នេះ បងប្អូនរបស់ខ្ញុំបាន
ឈប់សម្រាកពីសាលារៀន

ពេលខ្លះឡើងទៅលេងកំសាន្ត
តាមខេត្ត ឬឆ្នេរសមុទ្រ។

ក្នុងឱកាសចូលឆ្នាំចិន យើង
នឹងរៀបចំអាហារជាច្រើន
នៅក្នុងទីធ្លាផ្ទះរបស់ខ្ញុំសម្រាប់
ឱ្យបងប្អូនមកញ៉ាំជុំគ្នា។

ពេលដល់ចូលឆ្នាំខ្មែរ
អ្នកជិតខាងរបស់ខ្ញុំបាន
រៀបចំអាហារ ហើយយើងញ៉ាំ
ជាមួយគ្នា។

5

ខ្ញុំចាំថា ខ្ញុំរៀនពីរវេន ខ្ញុំបានបែងចែកពេលព្រឹក និងពេលរសៀលទៅសាលារៀនពីរ ផ្សេងគ្នា។

ខ្ញុំក្រោកពីព្រលឹម ដើម្បីដើរទៅសាលា ខ្មែរ។

គ្រូបង្រៀននៅសាលា ខ្មែរមិនសូវបានបង្រៀន យើងទេ។

ខ្ញុំបាន ចំណាយពេលច្រើន អង្គុយលេងក្នុង ថ្នាក់ជដែកលេង ជាមួយមិត្តរបស់ខ្ញុំ។

បន្ទាប់មក ខ្ញុំនឹងទៅផ្ទះដូតទឹក និងញ៉ាំអាហារថ្ងៃត្រង់។ នៅប្រទេសកម្ពុជាមាន អាកាសធាតុក្តៅ ដូច្នេះខ្ញុំត្រូវដូតទឹកឱ្យបានញឹកញាប់ដើម្បីសម្លាតកាយ។

6

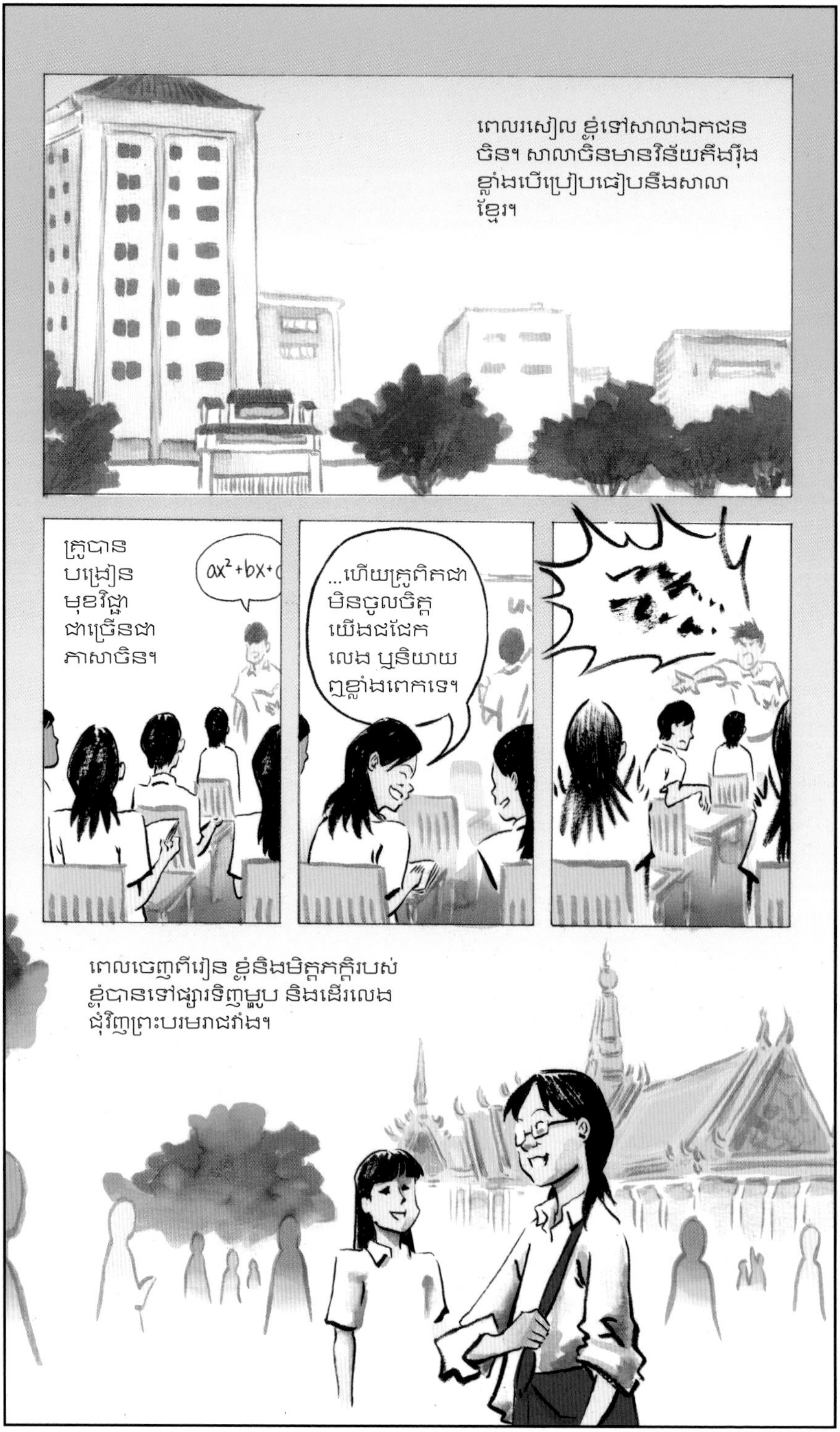
ពេលរសៀល ខ្ញុំទៅសាលាឯកជនចិន។ សាលាចិនមានវិន័យតឹងរ៉ឹងខ្លាំងបើប្រៀបធៀបនឹងសាលាខ្មែរ។
គ្រូបានបង្រៀនមុខវិជ្ជាជាច្រើនជាភាសាចិន។
ax²+bx+c
...ហើយគ្រូពិតជាមិនចូលចិត្តយើងជជែកលេង ឬនិយាយឮខ្លាំងពេកទេ។
ពេលចេញពីរៀន ខ្ញុំនិងមិត្តភក្តិរបស់ខ្ញុំបានទៅផ្សារទិញម្ហូប និងដើរលេងជុំវិញព្រះបរមរាជវាំង។

កម្ពុជាប្រទេសដែលផ្អែក
លើវិស័យកសិកម្ម ដូច្នេះ
យើងធ្វើស្រែចម្ការច្រើន។
ឪពុកម្តាយរបស់ខ្ញុំជា
អ្នកលក់អង្ករបោះដុំ។

ពួកគាត់ទៅខេត្តទិញអង្ករពីកសិករដើម្បីយកទៅលក់នៅទីក្រុង ចំណែកខ្ញុំនៅចាំផ្ទះ។

ម្នាយខ្ញុំមិនចេះអាន ឬសរសេរ
អក្សរទេ គាត់ចេះតែគិតលេខ
ដូច្នេះ ខ្ញុំតែងតែជួយគាត់
កត់ត្រាបញ្ជីលុយ។

8

ដឺពុកម្ដាយរបស់ខ្ញុំបានសម្រេចចិត្តមក
សហរដ្ឋអាមេរិក ដើម្បីអនាគតរបស់កូនភាគ់។

នៅស្រុកខ្មែរ ពួកភាគ់លក់
អង្គរដើម្បីផ្គត់ផ្គង់គ្រួសារ ប៉ុន្តែ
ពួកភាគ់បានលង់ជីវិតនៅ
ខ្មែរ ដើម្បីអោយពួកយើងមាន
អនាគតល្អ។

ពេទ្យវូរនេះ ខ្ញុំដឹងថា
ដឺពុកម្ដាយខ្ញុំបាន
លង់ច្រើនប៉ុន្មាន
ហើយ។

ពីបើឆ្នាំមុនយើងមករស់នៅអាមេរិក
ដឺពុកម្ដាយខ្ញុំទើបតែទិញផ្ទះថ្មី ពួកភាគ់
សប្បាយចិត្តណាស់ដែលមានលទ្ធភាពទិញផ្ទះ
បាន។

ពួកភាគ់ត្រូវលក់ផ្ទះ
ថ្មីរបស់គាត់នៅពេល
ដែលយើងមករស់នៅ
សហរដ្ឋអាមេរិក។

ពួកភាគ់ត្រូវបោះបង់
អាជីវកម្មរបស់គាត់នៅ
ស្រុកខ្មែរ។

ពួកភាគ់បានលង់
គ្រួសារ និងមិត្តភក្តិរបស់
ពួកភាគ់។

9

មីងរបស់ខ្ញុំ (ជាជនជាតិខ្មែរ អាមេរិក) បានធានាដីពុកខ្ញុំ និងគ្រួសាររបស់ខ្ញុំមកអស់នៅ សហរដ្ឋអាមេរិក។ ពូកខ្ញុំត្រូវ ចំណាយពេល ១០ ឆ្នាំដើម្បីរៀបចំ ឯកសារមកសហរដ្ឋអាមេរិក។

ពេលដឹងលឺនោះភ្លាម ដីពុក ម្ដាយខ្ញុំប្រាប់ខ្ញុំនិងបងប្អូនខ្ញុំថា "យើងនឹងទៅសហរដ្ឋអាមេរិក។" ខ្ញុំ ពិតជាភ្ញាក់ផ្អើលណាស់!

នៅឆ្នាំ ២០០៥ ខ្ញុំ ត្រូវរៀបចំឯកសារ លិខិតឆ្លងដែនជាច្រើន ដើម្បីសម្ភាសសុំទិដ្ឋាការ (វី សា) នៅប្រទេសថៃ។

ខ្ញុំចាំថាមានអារម្មណ៍ សោកសៅក្នុងចិត្តព្រោះ ប្អូនប្រុសពៅរបស់ខ្ញុំ មិនបានមកជាមួយពូក យើង។

ប្អូនប្រុសពៅរបស់ខ្ញុំកើត ក្រោយពីដីពុកម្ដាយខ្ញុំដាក់ ឯកសារច្បាប់ដើម...

...ដូច្នេះការរៀបចំនីតិវិធី សម្រាប់ប្អូនប្រុសពៅត្រូវបាន ពន្យារពេល គាត់ត្រូវរង់ចាំប្រាំ ឆ្នាំទៀតមុនពេលគាត់អាចម ករស់នៅសហរដ្ឋអាមេរិក។

គ្រួសារខ្ញុំជិះយន្តហោះមកប្រទេសអាមេរិក។ ការជិះយន្តហោះនេះត្រូវការប្រហែលជា ១៥ - ១៦ ម៉ោង ប៉ុន្តែខ្ញុំមិនបានសម្រាកនៅក្នុងយន្តហោះនោះទេ។

ខ្ញុំរំភើបចិត្តដែលបានជិះយន្តហោះ! ខ្ញុំមានអារម្មណ៍ថា "វ៉ៃ ខ្ញុំនៅលើអាកាស!" ខ្ញុំ អង្គុយនៅកៅអីកណ្តាល ដូច្នេះខ្ញុំត្រូវក្រោកដើរទៅមាត់បង្អួចដើម្បីមើលមេឃ។

ខ្ញុំគិតថា

"តទៅនេះខ្ញុំ អាចធ្វើអ្វីដែល ខ្ញុំប្រាថ្នាហើយ។"

នេះជាក្តីសង្ឃឹមរបស់ អ្នកជនទៅពួងនៅប្រទេស អាមេរិក។

យើងបានមកដល់ទឹកដីអាមេរិកក្នុងខែមិថុនា ហើយ ទីនេះមានអាការធាតុក្តៅល្មម។ ប៉ុន្តែសម្រាប់ពួក យើង"ត្រជាក់ណាស់នៅទីនេះ!"

ខ្ញុំចាំបានថា ខ្ញុំបានទាញ យកអាវផាប់របស់ខ្ញុំចេញមក ហើយពាក់វានៅខែមិថុនា។

ដាកមកមើលក្រោយវិញ វាគួរឲ្យ អស់សំណើចណាស់។

ខ្ញុំស្រមៃគិតថាអាមេរិកមាន អការខ្ពស់ៗជាច្រើន មាន មនុស្សច្រើនដើរលើដងផ្លូរ ហើយនិយាយភាសាអង់គ្លេស គ្រប់ទិសទាំងឡាយ។

បន្ទាប់មកយើងបានទៅដល់ផ្ទះថ្មីរបស់ខ្ញុំនៅ Shakopee ប៉ុន្តែខ្ញុំមិនបានឃើញ អគារខ្ពស់ ឬអ្វីដូចក្នុងក្តីស្រមៃនោះទេ តែមានដីស្រែច្រើន...

ខ្ញុំនឹកឃើញគិតថា "អីយ៉ា! ពួកគេធ្វើស្រែចម្ការនៅ អាមេរិក។ ចម្លែកមែន!"

ខ្ញុំមិនដែលដឹងថា នៅ អាមេរិកគេធ្វើស្រែចម្ការ ដែរទេ។

ខ្ញុំចាំថាពួកខ្ញុំបាននាំគ្រួសារខ្ញុំទៅ ផ្សារទំនើប Mall of America។ នៅក្នុងផ្សារនោះមាន roller coaster ទៀតផង។

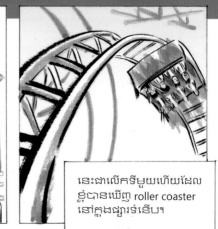

នេះជាលើកទីមួយហើយដែល ខ្ញុំបានឃើញ roller coaster នៅក្នុងផ្សារទំនើប។

13

អ្វីដែលពិបាកបំផុតក្នុងការរស់នៅសហរដ្ឋអាមេរិកគឺការរៀនភាសាអង់គ្លេស។

ខ្ញុំចាំបានថា ពេលរៀនភាសាចិននៅប្រទេសកម្ពុជា វាពិតជាលំបាកសម្រាប់ខ្ញុំណាស់ ទោះបីជាខ្ញុំចាប់ផ្ដើមរៀននៅអាយុ ៦ ឬ ៧ ឆ្នាំក៏ដោយ។

ហើយឥឡូវនេះនៅអាយុ ១៥ ឆ្នាំ ខ្ញុំទើបចាប់ផ្ដើមរៀនភាសាអង់គ្លេស។

ខ្ញុំតែងតែមានអារម្មណ៍មិនស្រួលចិត្ត និងខ្លាស់រៀនក្នុងការនិយាយភាសាអង់គ្លេសនៅចំពោះមុខឪពុកម្ដាយរបស់ខ្ញុំ និងនៅចំពោះមុខអ្នកដទៃនៅទីសាធារណៈ។

ពេលយើងទៅផ្សារទិញអីវ៉ាន់ ឪពុកម្ដាយខ្ញុំនឹងហៅខ្ញុំអោយជួយនិយាយជាមួយអ្នកលក់ ព្រោះភាសាអង់គ្លេសខ្ញុំល្អជាងពួកគាត់។

បន្ទាប់មកខ្ញុំបានដឹងថា ឪពុកម្ដាយខ្ញុំមានការលំបាកក្នុងការរៀនភាសាអង់គ្លេសច្រើនជាងខ្ញុំទៅៀត។

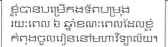

ខ្ញុំបានបម្រើកងទ័ពបម្រុង
រយៈពេល ៦ ឆ្នាំខណៈពេលដែលខ្ញុំ
កំពុងចូលរៀននៅមហាវិទ្យាល័យ។

ខ្ញុំទៅសាលារៀនពីថ្ងៃចន្ទដល់
ថ្ងៃសុក្រ ហើយខ្ញុំទៅហាត់ទ័ព
ទាហាននៅចុងសប្ដាហ៍។

បទពិសោធន៍នោះបានជួយខ្ញុំឱ្យដឹងថា
ទោះបីជាខ្ញុំគ្រាន់តែជាស្រីមាខតួចពីអាស៊ី
ម្នាក់នេះក៏ដោយ ក៏ខ្ញុំអាចធ្វើអ្វីគ្រប់យ៉ាង
ដែលជនជាតិអាមេរិកផ្សេងទៀតអាចធ្វើ
បានដូចគ្នា។

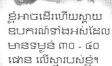

ខ្ញុំអាចដើរហើយស្មាយ
ឧបករណ៍ទាំងអស់ដែល
មានទម្ងន់ ៣០ - ៤០
ផោន លើស្មារបស់ខ្ញុំ។

ខ្ញុំអាចសម្រេចបាននូវអ្វីដែល
ខ្ញុំតាំងចិត្តធ្វើ។

នោះគឺភាពអត់ធ្មត់ និងការ
តាំងចិត្តរបស់ខ្ញុំ។

19

នៅកម្ពុជា ពួកគាត់ធ្លាប់ធ្វើជាម្ចាស់អាជីវកម្ម។

ប៉ុន្តែឥឡូវនេះ ពួកគាត់ត្រូវធ្វើជាកម្មករ។

ឪពុកម្ដាយរបស់ខ្ញុំបានធ្វើការនៅក្នុងក្រុមហ៊ុនផេចខ្លប់អាហារមួយ។

ខ្ញុំចាំថាយើញពួកគាត់ទៅរៀនថ្នាក់ ESL បន្ទាប់ពីធ្វើការរៀងរាល់យប់។

ពួកគាត់មកផ្ទះ...

...ញ៉ាំអាហារពេលព្រឹក និងងូតទឹក...

...បន្ទាប់មកចូលរៀនថ្នាក់ ESL នៅម៉ោង ៨ ព្រឹក។

ខ្ញុំដឹងថា បើពួកគាត់អាចរៀនបាន ខ្ញុំក៏អាចរៀនភាសាអង់គ្លេសបានដែរ។

ថ្នាក់វិទ្យាល័យរបស់ខ្ញុំនៅសហរដ្ឋអាមេរិកគឺស្រដៀងនឹងថ្នាក់សាលាឯកជនចិន
របស់ខ្ញុំនៅកម្ពុជាពីព្រោះ គ្រូតឹងរ៉ឹង និងហាមមិនឲ្យនិយាយក្នុងថ្នាក់ដូចគ្នា។

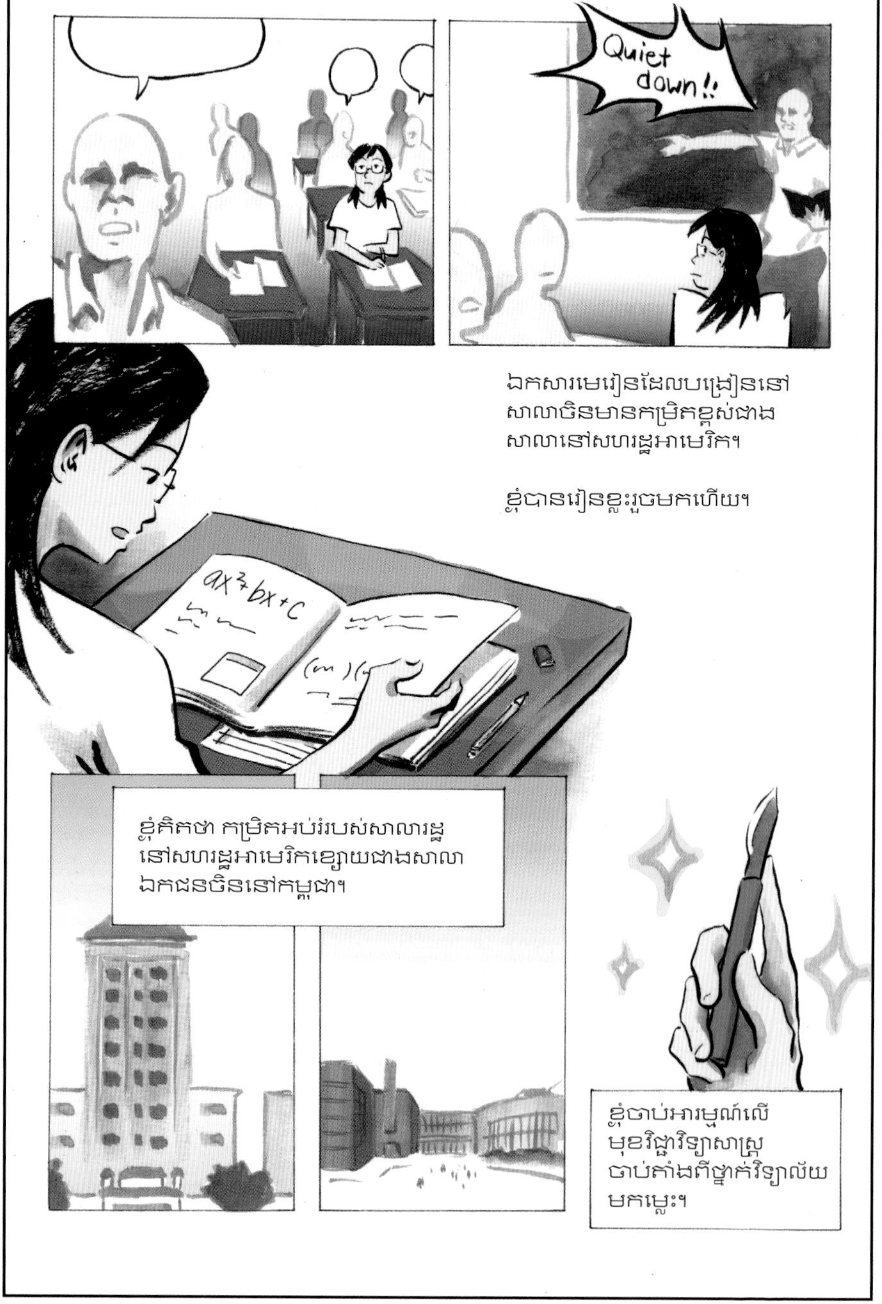
Quiet down!!
ឯកសារមេរៀនដែលបង្រៀននៅ
សាលាចិនមានកម្រិតខ្ពស់ជាង
សាលានៅសហរដ្ឋអាមេរិក។
ខ្ញុំបានរៀនខ្លះរួចមកហើយ។
ខ្ញុំគិតថា កម្រិតអប់រំរបស់សាលារដ្ឋ
នៅសហរដ្ឋអាមេរិកខ្សោយជាងសាលា
ឯកជនចិននៅកម្ពុជា។
ខ្ញុំចាប់អារម្មណ៍លើ
មុខវិជ្ជាវិទ្យាសាស្ត្រ
ចាប់តាំងពីថ្នាក់វិទ្យាល័យ
មកម្លេះ។

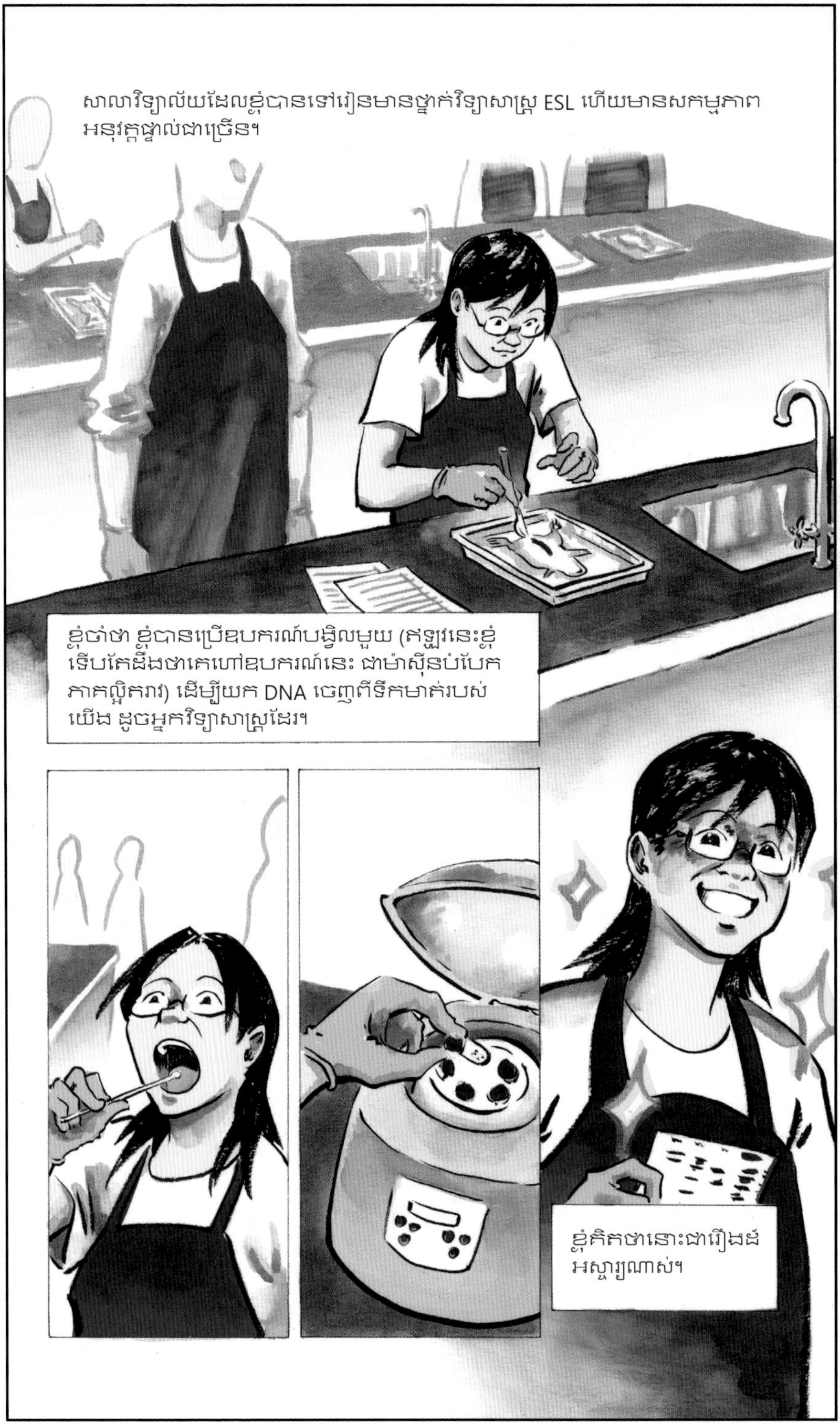
សាលាវិទ្យាល័យដែលខ្ញុំបានទៅរៀនមានថ្នាក់វិទ្យាសាស្ត្រ ESL ហើយមានសកម្មភាព អនុវត្តផ្ទាល់ជាច្រើន។
ខ្ញុំចាំថា ខ្ញុំបានប្រើឧបករណ៍បង្វិលមួយ (ឥឡូវនេះខ្ញុំ ទើបតែដឹងថាគេហៅឧបករណ៍នេះ ជាម៉ាស៊ីនបំបែក ភាគល្អិតរាវ) ដើម្បីយក DNA ចេញពីទឹកមាត់របស់ យើង ដូចអ្នកវិទ្យាសាស្ត្រដែរ។
ខ្ញុំគិតថានោះជារឿងដ៏ អស្ចារ្យណាស់។

ក្រោយមក នៅវិទ្យាល័យ ខ្ញុំបានសម្រេចចិត្តចូលប្រើកងទ័ពបម្រុង។

ក្រោយរៀនចប់វិទ្យាល័យ នៅពេលកំពុង បម្រើកងទ័ពបម្រុង ខ្ញុំបានសម្រេចចិត្តបន្ត រៀនថ្នាក់បរិញ្ញាបត្រជាន់ខ្ពស់នៅ University of St. Thomas

ពេលនោះភាសាអង់គ្លេសរបស់ខ្ញុំនៅ ខ្សោយ ទើបខ្ញុំពុកម្នាយខ្ញុំជាអ្នកខ្លាច ខ្ញុំនឹងបរាជ័យ។

...បុុំន្ទគ្រូបង្រៀន ESL នៅ វិទ្យាល័យបានជួយខ្ញុំក្នុងការ ធ្វើការសម្រេចចិត្ត។

ខ្ញុំចាំអំពីមុខវិជ្ជាមួយនៅសាកលវិទ្យាល័យ ដែលនិយាយអំពីសមាសធាតុគីមីនៅក្នុង ខួរក្បាលរបស់មនុស្ស ដែលជំរុញអាកប្បកិរិយា និងអារម្មណ៍របស់យើង។

ខ្ញុំបានធ្វើការនៅមន្ទីរពិសោធន៍នៅ សាកលវិទ្យាល័យដែលសិក្សាអំពីការ ប៉ះពាល់នៃបរិស្ថានខាងក្រៅដល់នា សម្ព័ន្ធក្នុង ខួរក្បាលរបស់មនុស្ស។

ហើយខ្ញុំបានយល់ដឹងអំពី ទំនាក់ទំនងនៃបរិយាកាសសង្គម ជាមួយនឹងសុខភាព និងអាកប្ប កិរិយារបស់យើង។

ខ្ញុំបានចូលបម្រើកងទ័ពបម្រុង ក្នុង
គោលបំណងថានឹងបន្តអាជីព ផ្នែកនីតិ
វិទ្យាសាស្រ្ត។

ប៉ុន្តែខ្ញុំដឹងថាមនុស្សជាច្រើនក្លាយជា
ឧក្រិដ្ឋជន ដោយសារតែស្ថានភាពរបស់
ពួកគេ មិនមែនដោយសារតែពួកគេ
កើតមកជាជនអាក្រក់នោះទេ។

POLICE

ខ្ញុំចង់ប្រើវិទ្យាសាស្ត្រដើម្បីជួយ
មនុស្ស និងធ្វើអោយមនុស្ស
ប្រសើរឡើងមុន មិនមែនតែ
សម្រាប់ចាប់មនឧក្រិដ្ឋជននោះ
ទេ។

នោះហើយជាហេតុផលដែលល
ម្រាញ់អោយខ្ញុំសិក្សាជំនាញពេទ្យ
និងសុខាភិបាលសាធារណៈ។

FIRST DO NO HARM

21

ខ្ញុំបានសម្រេចចិត្តដាក់ពាក្យចូលសាលាពេទ្យក្នុងអំឡុងឆ្នាំទីបីរបស់ខ្ញុំ ប៉ុន្តែខ្ញុំមិន មានសមត្ថភាពប្រកួតប្រជែងគ្រប់គ្រាន់នៅឡើយទេ។

ទោះបីខ្ញុំរៀន យ៉ាងណាក៏ដោយ ក៏ខ្ញុំមានការ លំបាកក្នុងការអានសៀវភៅ អង់គ្លេស។

ខ្ញុំមិនអាចយល់ពី អ្វីដែលគេនិយាយឬ សរសេរនោះទេ។

សមាជិកគ្រួសារសួរខ្ញុំថា

ឯងខំប្រឹងរៀនម្ល៉េះ ម្តេចមិនទៅរកការងារ ធម្មតាធ្វើវិញទៅ?

ប៉ុន្តែគ្រូរបស់ខ្ញុំបានកាន់ទ្រ និងណែនាំ ខ្ញុំ។ គ្រូបានប្រាប់ខ្ញុំថា

បើពូកគេ អាចធ្វើ បាន

អ្នក ក៏អាច ធ្វើបាន ដែរ។

ខ្ញុំបានសម្រេចចិត្តឈប់សម្រាកមួយឆ្នាំដើម្បីសិក្សា MCAT។

បន្ទាប់ពីខ្ញុំឈប់សម្រាកមួយឆ្នាំនោះ ខ្ញុំមានពេលទៅរៀនដើម្បីត្រៀមប្រលងចូល សាលាពេទ្យ។

នៅទីបំផុតខ្ញុំបានពិន្ទុគួរសម ហើយខ្ញុំអាចដាក់ពាក្យសុំចូលសាលាពេទ្យបានដោយ ជោគជ័យ។

ខ្ញុំបានបន្តការសិក្សានៅសាលាពេទ្យ នៃ University of Minnesota។

23

បច្ចុប្បន្ននេះ ខ្ញុំជានិស្សិតកម្មសិក្សាឆ្នាំទីបីជំនាញផ្នែករោគ។ កម្មសិក្សារបស់ខ្ញុំមាន រយៈពេលប្រាំឆ្នាំ ដូច្នេះហើយ ខ្ញុំបានរៀនដល់ពាក់កណ្ដាលនៃកម្មវិធីសិក្សារបស់ខ្ញុំ។

ខ្ញុំចំណាយពេលជាច្រើនក្នុងការ មើលថែអ្នកជំងឺក្នុងបន្ទប់ ICU។ ខ្ញុំមានអារម្មណ៍កក់ក្ដៅក្នុងចិត្ត ពេលឃើញអ្នកជំងឺជាច្រើន ជាសះស្បើយពីគ្រោះថ្នាក់។

ទោះបីខ្ញុំខំប្រឹងអស់ពីសមត្ថភាព ក៏ដោយ ប៉ុន្តែអ្នកជំងឺខ្លះបាន បាត់បង់ជីវិត ដោយសារពួកគេមក ព្យាបាលមិនទាន់ពេលវេលា។

• • •

ពេលខ្លះ ពួកគេបានបាត់បង់ ការងារ ដោយសារមិន មានលទ្ធភាពទិញថ្នាំពេទ្យ។

ទោះបីយើងព្យាយាមជួយក៏ដោយ ប៉ុន្តែយើងគ្រាន់តែជួយពួកគេ បានមួយក្រាប៉ុណ្ណោះ។

24

កន្លងនេះ ខ្ញុំត្រូវគិតធ្វើយ៉ាងដូចម្ដេច ដើម្បីជួយសង្គ្រោះមនុស្សជនទៃទៀត។

ខ្ញុំចាប់អារម្មណ៍ក្នុងការធ្វើជាគ្រូពេទ្យ រ:កាត់នៅទីក្រុងដែលមាន ប្រាក់ចំណូលទាប ដូច្នេះខ្ញុំបានបន្ត កម្មសិក្សាផ្នែករ:កាត់ នៅប្រទេសកម្ពុជា។

កម្ពុជាជាប្រទេសដែលមានចំណូល ទាបគ្មានបុគ្គលិកសុខាភិបាលច្រើន ទៃ។ ភាពកង្វះនៃវិស័យសុខាភិបាល នៅប្រទេសកម្ពុជា ទាមទារជំនួយពី បរទេស។

ខ្ញុំមានបំណងចង់អោយប្រជាជនកម្ពុជា មានសមត្ថភាពទ្រទ្រង់ខ្លួនឯង ជាជាង ពឹងផ្អែកលើបុគ្គលិកសុខាភិបាលមក ពីក្រៅប្រទេស។

កាលខ្ញុំនៅប្រទេសកម្ពុជា ខ្ញុំមើលឃើញពី លទ្ធភាពនៃអ្វីដែលខ្ញុំអាចធ្វើបានក្នុងនាម ជាគ្រូពេទ្យជំនាញរ:កាត់។ ខ្ញុំចងថារឿងនោះ នៅក្នុងចិត្ត។

ទន្ទឹមពេលនេះ ខ្ញុំក៏បាន រៀបការជាមួយប្ដីរបស់ខ្ញុំបាន រយ:ពេល ៥ ឆ្នាំមកហើយ។

ភាត់គឺជាមិត្តជិតស្និត និង ជាទីប្រឹក្សាចម្បងរបស់ខ្ញុំ។

គ្រូបង្រៀនខ្លះ និងសមាជិកគ្រួសាររបស់ខ្ញុំខ្លះបាននិយាយថា "ការរៀនពេទ្យមិនមែនជា ជំនាញរបស់អ្នកទេ" "កុំទៅរៀននៅសាកលវិទ្យាល័យ" ជាដើម។ល។ ពេលខ្ញុំពុពាក្យសម្ដី ទាំងនេះលើកដំបូង វាធ្វើអោយខ្ញុំខកចិត្តពាន់ពេក។

បុ៉ន្តែពេលគិតឡើងវិញ ខ្ញុំមិនគិតថាពួកភាគ
កំពុងព្យាយាមបំផ្លាញក្តីសុបិនរបស់ខ្ញុំនោះទេ។ ខ្ញុំ
គិតថា ពួកភាគកំពុងព្យាយាមឌាស់តឿនខ្ញុំ។

ឯងមិនបាច់
ខំធ្វើការ
ខ្លាំងពេក
ទេ។

ឯងនឹង
ឈឺចាប់
ប្រសិនបើឯង
បរាជ័យ។

ឯងអាចមាន
ជីវភាពរស់នៅ
ស្រួលជាង
នេះ។

ពួកយើងមិន
ចង់ឱ្យឯង
ខកចិត្តនោះ
ទេ។

យ៉ាងណាក៏ដោយ ខ្ញុំ
មិនដែលខឹងនឹង
ពួកភាគទេ។ ខ្ញុំគ្រាន់តែ
ចង់បំផ្លាញពួកភាគពី
សមត្ថភាពពិតរបស់ខ្ញុំ។

ខ្ញុំជឿជាក់
ថាប្រសិនបើ
យើងជឿលើ
អ្វីមួយ ទីបំផុត
អ្នកដទៃក៏នឹង
ជឿលើយើង
ដែរ។

សំណួរពិភាក្សា

ស្វែងយល់ពីរឿង...

ការគិតនៅក្នុងសាច់រឿង

1. តើ Kim កើតនៅឯណា? តើអ្វីជាមរតករបស់នាង?
2. Kim រស់នៅជាមួយគ្រួសាររបស់នាងនៅជិតស្ទឹងទឹកស្ទុយមួយៗ។ តើមាន
   ហេតុផលអ្វីខ្លះដែលនាង និងគ្រួសាររបស់នាងរស់នៅទីនេះ?
3. មុនពេលឱពុកម្ដាយរបស់ Kim ផ្លាស់មកនៅសហរដ្ឋអាមេរិក ពួកគាត់គឺជា
   អាជីវករៗ ចូរពន្យល់ពីរបៀបដែលស្ថានភាពនេះផ្លាស់ប្ដូរបន្ទាប់ពីពួកគេ
   បានមកតាំងទីលំនៅនៅប្រទេសថ្មីៗ តើជីវិត និងការងាររបស់ពួកគេនៅ
   សហរដ្ឋអាមេរិក និងនៅកម្ពុជាមានសភាពដូចម្ដេច? ចូរសាកល្បងប្រៀបធៀប
   និងបង្ហាញភាពពឿយគ្មានរបទពិសោធពីរបស់ពួកគេ និងកត់សម្គាល់កន្លែង
   ដែលត្រូវសុំគ្នាដើ្ចជាផ្យ្រក្រាមវិន។

ការគិតហួសពីសាច់រឿង

1. ឱពុកម្ដាយរបស់ Kim ជាម្ចាស់អាជីវកម្មនៅក្នុងប្រទេសកម្ពុជា។ តើ Kim បាន
   ជួយលើកិច្ចការអាជីវកម្មរបស់ពួកគេដូចម្ដេច? ហេតុអ្វីបានជាឱពុកម្ដាយរបស់
   Kim ត្រូវការឱ្យនាងជួយ?
2. ប្រៀបធៀប និងបង្ហាញភាពពឿយគ្នាពីប្រភេទសាលារៀនដែល Kim ចូលរៀននេះ
   សាលាខ្មែរ សាលាចិនឬកដផ្ទៃ និងសាលានៅសហរដ្ឋអាមេរិកៗ តើសាលា
   ណាដែលប្រសើរជាងសម្រាប់ការរៀនវិទ្យាសាស្ត្រ? តើសាលាណាដែលគឺងរ៉ឹង
   ជាង? តើហេតុអ្វីបានជាអ្នកគិតថាសាលាទាំងនេះមានលក្ខណៈដូច្នេះ?
3. ចូររៀបរាប់ពីផលវិបាកនៃព្រឹត្តិការណ៍ដែលនាំ Kim ឱ្យចូលបម្រើកងទ័ពៗ តើអ្វី
   ជាហេតុផលនាំឱ្យមានការសម្រេចចិត្តនេះ? តើ Kim ទទួលផលប្រយោជន៍អ្វីពី
   ការសម្រេចចិត្តរបស់នាង?
4. តើ Kim ចង់បាននិយយដូចម្ដេចចំពោះការពឿងខ្លនឯង និងការតាំងចិត្ត? តើរឿងរ៉ាវ
   របស់នាងបំផុសកំនិតអ្នកដៃទេឿយ៉ាងដូចម្ដេច?
5. តើអ្នកគិតថាអ្វីនឹងកើតឡ្ចឿងបន្ទាប់ទេ្ចឿតក្នុងជីវិតរបស់ Kim?

ការគិតអំពី

1. ចូរគិតអំពីពេលវេលាដែលអ្នកត្រូវបោះបង់អ្វីមួយដែលសំខាន់សម្រាប់អ្នកៗ
   តើវាមានអារម្មណ៍យ៉ាងដូចម្ដេច? តើវាសមនឹងតម្លៃឬទេ?
2. តើ Kim គឺជាការបំផុសកំនិតដល់អ្នកដៃទេឿយ៉ាងដូចម្ដេច? ចូររៀបរាប់ពីរបៀប
   ដែលជម្រើសជីវិត និងការតាំងចិត្តរបស់នាងអាចជះឥទ្ធិពលលើមនុស្ស
   វ័យក្មេងឯេ្ផ្ងងទេឿតៗ។

...ភ្ជាប់ជាមួយរឿងរ៉ាវរបស់អ្នក

1. ពិពណ៌នាអំពីមនុស្សម្នាក់ដែលអ្នកស្គាល់ដែលចេះនិយាយច្រើនជាងមួយ
   ភាសាៗ តើអ្នកគិតថា វានឹងងាយស្រួលឬពិបាកក្នុងការរៀនភាសាផ្សេងពី
   ភាសាដែលអ្នកចេះពេញមួយជីវិតរបស់អ្នក?
2. ពិពណ៌នាអំពីគ្រាមួយនៅពេលអ្នកមានក្ដីសង្ឃឹម ឬគោលដៅដ៍ខ្ពង់ខ្ពស់ៗ តើ
   ជំហានអ្វីខ្លះដែលអ្នកបានធ្វើ ឬនឹងត្រូវធ្វើដើម្បីឈានដល់គោលដៅនេះ?
3. ចូរនិយាយអំពីគ្រាមួយនៅពេលមនុស្សម្នាក់ដែលអ្នកស្គាល់ បានបួ៉ងា ឬ
   លះបង់អ្វីមួយសម្រាប់មនុស្សម្នាក់ទេឿតៗ។ តើអ្នកគិតថា អ្នកទាំងពីរមាន
   អារម្មណ៍យ៉ាងណា?

គោលគំនិតសំខាន់ៗ

ការប្តេជ្ញា

ការប្តេជ្ញាជាការតាំងចិត្តសម្រេចគោលដៅរបស់អ្នកឱ្យបាន ទោះបីជាអ្នកអាចនឹងជួបប្រទះបញ្ហាប្រឈមបែបណាក៏ដោយ។ វាមានទាំងការសម្រេចចិត្ត និងការបង្ហាញពីបំណងដ៏ខ្លាំងក្លាដើម្បីសម្រេចគោលដៅៗ មនុស្សដែលមានការប្តេជ្ញា ធ្វើការសម្រេចគោលដៅរបស់ខ្លួន ទោះបីជាមានឧបគ្គាអ្វីកើតឡើងក៏ដោយៗ
ឧទាហរណ៍៖ Kim មានការប្តេជ្ញាជាខ្លាំង ពេលកំពុងមានបញ្ហាប្រឈមក្នុងការរៀននិយាយភាសាអង់គ្លេសនៅអាយុ 15 ឆ្នាំ (មើលទំព័រទី 14 បន្ថាប់មកទំព័រទី 20)។

ការព្យាយាម

ការព្យាយាមជាសមត្ថភាពក្នុងការបន្តធ្វើអ្វីមួយ ទោះបីជាមានឧបសគ្គយ៉ាងណាក៏ដោយៗ មនុស្សដែលព្យាយាម បង្ហាញវាពខ្លាប់ខ្លួនក្នុងការធ្វើអ្វីមួយ ទោះបីជាលំបាក ឬចំណាយពេលយូរយ៉ាងណាដើម្បីសម្រេចគោលដៅក៏ដោយៗ
ឧទាហរណ៍៖ Kim បានព្យាយាមក្នុងផ្នែកអប់រំរបស់នាងៗ សូម្បីតែមានគេប្រាប់នាងឱ្យ "រៀនគ្រាន់តែមានការងារធ្វើបានហើយ" តែនាងរុំដែលបោះបង់ឡើយ ហើយនាងសម្រេចចិត្តចាប់អាជីពរបស់នាងក្នុងផ្នែកវេជ្ជសាស្ត្រ (មើលទំព័រទី 22)។

បូជា

"បូជា" មានន័យថា លះបង់អ្វីមួយដែលមានតម្លៃចំពោះអ្នក ដើម្បីជួយអ្នកផ្សេងៗ ឧទាហរណ៍៖ ឪពុកម្តាយរបស់ Kim បានបូជាយ៉ាងច្រើន ដូចជាលក់អាជីវកម្មរបស់ខ្លួន និងផ្លូះថ្មីមួយនៅកម្ពុជាៗ ពួកគេធ្វើបែបនេះសម្រាប់ជីវិតថ្មីរបស់ខ្លួននៅសហរដ្ឋអាមេរិក និងសម្រាប់អនាគតកូនរបស់ពួកគេ (មើលទំព័រទី 9)។

គ្រប់គ្រាន់ខ្លួនឯង

ភាពគ្រប់គ្រាន់ខ្លួនឯង ជាការបំពេញតម្រូវការផ្ទាល់ខ្លួនបានដោយគ្មានជំនួយពីក្រៅៗ ឧទាហរណ៍៖ Kim បានបង្ហាញថា នាងមានភាពគ្រប់គ្រាន់ខ្លួនឯង នៅពេលនាងបានចូលធ្វើទាហាន ដើម្បីលើកស្ទួយប្រវត្តិរូបរបស់នាង និងជួយប៉ងថ្លៃរៀនមហាវិទ្យាល័យរបស់នាង (មើលទំព័រទី 18)។

ពាក្យគ្រូរដឹង

កសិកម្ម៖ ជាពាក្យមួយទៀតសម្រាប់ការចិញ្ចឹមដាំដុះៗ វាមានទាំងការដាំដុះនិងការ ប្រមូលផលដំណាំ និងការចិញ្ចឹមសត្វ ឬបសុសត្វៗ

ម៉ាស៊ីនញែកៈ ជាឧបករណ៍មួយដែលបំបែកភ្លុការចេញពីគ្នាវិញ ឬល្បាយនៃភ្លុវាមួយ នៅក្នុងភ្លុវាមួយទៀត ដោយប្រើកម្លាំងចាកផ្ទិតៗ ម៉ាស៊ីនញែក រួមមានឧបករណ៍ បង្វិលជាវង្វង់ផ្សេងៗសម្រាប់ គោលបំណង ពីសោធន៍ៗ

កម្លាំងម៉ាស៊ីនញែកៈ ជាកម្លាំងដែលមានទំនោរធ្វើឱ្យវត្ថុ ឬសារធាតុ ឬបំណែកនៃវត្ថុ ឬសារធាតុផ្សេងៗទៀតទៅក្រៅចេញពីផ្ចិតនៃវង្វៀលៗ

វិទ្យាសាស្ត្រកោសល្យវិច្ច័យៈយៈជាវិទ្យាសាស្ត្រមួយប្រភេទដែលមានទាំងជីវវិទ្យា គីមីវិទ្យា និងរូបវិទ្យា ដើម្បីរកមើលភស្តុតាង ដោះស្រាយឧក្រិដ្ឋកម្ម និងបញ្ចាផ្លូវច្បាប់ៗ អ្នក វិទ្យាសាស្ត្រកោសល្យវិច្ច័យប្រើប្រាស់ភស្តុតាងដូចជាស្នាមម្រាមដៃ ឈាម សក គ្រាប់ ការភ្លើង និង DNA ដើម្បីផ្តល់ការពិតអំពីហៀតុការណ៍កើតឡើងនៅក្នុងស្ថានភាពមួយៗ

MCAT(តេស្តចូលមហាវិទ្យាល័យវេជ្ជសាស្ត្រ)៖ ជាការប្រឡងបែបស្ដង់ដារគោមកុំព្យូទ័រ សម្រាប់និស្សិតពេទ្យត្រៀមចូលមហាវិទ្យាល័យ ដែលរៀបចំឡើងដើម្បីវាយតម្លៃ ការដោះស្រាយបញ្ចា ការគិតវិះពិចារណា ការវិភាគជាស័ណេរ និងចំណេះដឹងអំពី គោលគំនិតនិងគោលការណ៍វិទ្យាសាស្ត្រៗ

ធនធានបន្ថែម

"ការពិតនៃកម្ពុជាសម្រាប់កុមារ," Kiddle Kpedia, ថ្ងៃទី ៤ ខែមករា ឆ្នាំ 2024, https://kids.kiddle.co/Cambodia.

"វេជ្ជសាស្ត្រ៖ និយមន័យ និងប្រវត្តិ" សព្វចនាធិប្បាយ Britannica, Inc. ថ្ងៃទី ៤ ខែមករា ឆ្នាំ 2024, https://kids.britannica.com/kids/article/medicine/353448

សូមអរគុណ

យើងមានអំណរគុណចំពោះម្ចាស់មូលនិធិ ក្រុមប្រឹក្សា និងបុគ្គលិកអង្គការ Green Card Voices ដ៏អស្ចារ្យរបស់យើង ក៏ដូចជាអ្នកគាំទ្រអង្គការ GCV ជាច្រើនទូទាំងប្រទេស ផងដែរៗ យើងសូមអរគុណផងដែរដល់ Kathy Seipp ដែលបានសរសេរវៃដ្ឋកម្មវិធី សិក្សានៃសៀវភៅនេះ និងអ្នកបកប្រែ JR Language Translation Services, INC និង Hao Taing និងក្រុមការងារនៅ Lexikeet និងអ្នកកែភ្លុបទ Nicole Montana និង John Medeiros។ ជាចុងក្រោយ Kim សូមថ្លែងអំណរគុណដល់គ្រូបង្រៀនវិទ្យាល័យ ESL របស់នាងគឺ Tania Drexler ដែលបានចិញ្ចឹមបីបាច់ និងបណ្ដុះទំនុកចិត្តស្រលេសចក្តី ប្រាថ្នាក្នុងអាជីពរបស់នាងៗ សូមអរគុណដល់ម្ចាស់មូលនិធិ៖ Metropolitan Regional Arts Council, Minnesota Humanities Center និង Marbrook Foundation។

អំពីអង្គការ GREEN CARD VOICES

អង្គការ Green Card Voices (GCV) ដែលបានបង្កើតឡើងនៅឆ្នាំ 2013 គឺជា អង្គការមិនរកប្រាក់ចំណេញដែលប្រើការថតណាល់រឿង ដើម្បីចែករំលែក រឿងរ៉ាវផ្ទាល់ខ្លួនពីជនអន្តោប្រវេសន៍អាមេរិក ដែលធ្វើឱ្យមានការយោគយល់ គ្នាកាន់តែច្រើនរវាងជនអន្តោប្រវេសន៍ និងសហគមន៍របស់ពួកគេ។ រៀៗក តាមវីដេអូដែលពោរពេញដោយថាមពល ការប្រមូលសៀវភៅ ពិព័រណ៍ ធ្វើដំណើរ ផតខាស់ និងការអង្កួយជាឆ្នាំងនិយាយរឿងមួងម្នាក់របស់យើងធ្វើ ឱ្យមនុស្សដែលមានសាវតារផ្សេងៗគ្នាទទួលបានឧទ្ទស្សន៍ៈបែបបុរសទំមួយ ពីតប្រាកដអំពីជីវិតរបស់ជនអន្តោប្រវេសន៍ ដោយបង្កើននូវការឱ្យតម្លៃលើ បទពិសោធន៍របស់ជនអន្តោប្រវេសន៍នៅសហរដ្ឋអាមេរិក។

អង្គការ Green Card Voices បានចាប់កំណើតចេញពីគំនិតដែលរឿងនិទានដ៏ ទូលំទូលាយរបស់ជនអន្តោប្រវេសន៍បច្ចុប្បន្នគួរត្រូវបានផ្សព្វផ្សាយតាមរបៀប មួយដែលជាការពិតចំពោះរឿងរ៉ាវរបស់បុគ្គលម្នាក់ៗ។ យើងប្រឹងប្រែងធ្វើជា អ្នកយល់យើញបែបបថ្មីសម្រាប់អ្នកចូលរួមក្នុងកិច្ចសន្ទនាអំពីអន្តោប្រវេសន៍ និង ដើម្បីកសាងទំនាក់ទំនងរវាងជនអន្តោប្រវេសន៍ និងជនមិនមែនអន្តោប្រវេសន៍ អ្នកចំណូលថ្មី និងសហគមន៍ដែលទទួល ទ្វាំងប្រទេស។ យើងធ្វើបែបនេះ តាមរយៈការចែករំលែករឿងរ៉ាវអន្តោប្រវេសន៍ផ្ទាល់ខ្លួនរបស់ជនជាតិអាមេរិក ដែលមានដើមកំណើតនៅក្រៅប្រទេស និងតាមរយៈការជួយអ្នកផ្សេងទៀត ឱ្យមើលយើញ "រលកនៃជនអន្តោប្រវេសន៍" ថាជាបុគ្គលនានាដែលមានរឿង រ៉ាវត្រួសារ ការខិតខំធ្វើការ និងភាពចម្រុះខាងវប្បធម៌ដ៏គួរឱ្យចាប់អារម្មណ៍។

ហួតមកដល់បច្ចុប្បន្ននេះ ក្រុមការងាររបស់អង្គការ GCV បានកត់ត្រារឿងរ៉ាវ ជីវិតរបស់ជនអន្តោប្រវេសន៍បានជាងប្រាំរយនាក់ដែលមកពីជាងមួយរយ សែសិបប្រទេសហើយ។ យើងស្វះស្វែរណៃចំហាចិន្ទនប្រាំមួយសំណួរទៅកាន់ ជនអន្តោប្រវេសន៍ទាំងអស់ដែលសម្រេចចិត្តចែករំលែករឿងរ៉ាវរបស់ពួកគេ ជាមួយយើង ហើយមញ្ចើញពួកគេឱ្យចែករំលែករូបថតជីវិតផ្ទាល់ខ្លួននៅក្នុង ប្រទេសកំណើតរបស់ពួកគេ និងនៅក្នុងសហរដ្ឋអាមេរិក។ បន្ទាប់មក រឿងនិទានរបស់ពួកគេត្រូវបានកែសម្រួលដើម្បីផលិតវីដេអូដែលអ្វីដែលមាន រយៈពេលប្រាំនាទី ដែលពោរពេញដោយរឿងរ៉ាវពិសេសប្លែក រូបថតផ្ទាល់ខ្លួន និងភ្លេង។ វីដេអូទាំងនេះមាននៅលើ www.GreenCardVoices.org និង YouTube (មិតគិតថ្លៃ និងគ្មានការផ្សាយ ពាណិជ្ជកម្ម)។

Contact information:
អង្គការ Green Card Voices
2611 1st Ave S.
Minneapolis, MN 55408

612.889.7635
info@GreenCardVoices.org
www.GreenCardVoices.org